TRAITÉ ANALYTIQUE DE LA LANGUE FRANÇAISE ;

EXTRAIT

DE LA GRAMMAIRE GENERALE ;

Divisé en trois Sections.

1°. Description des Idées.
2°. Développement de ces mêmes Idées.
3°. Arrangement des Mots.

Suivis de l'Analyse complette des Participes, ou Adjectifs Français, réduits à leur plus grande simplicité, avec l'Etymologie des Mots d'usage et autres.

PAR M. BRAZIER, Père, Instituteur ;

Ancien Expert Vérificateur, Ecrivain,

tenant une Maison d'Education Commerciale, et autres objets d'Enseignement.

A PARIS,

Fauxbourg du Temple, N°. 62, avant la Cazerne.

AN XIV. (1805.)

OBSERVATIONS.

Cette Analyse est tirée d'Auteurs distingués, tels *que* Port-Royal, Condillac, Dumarsais, Domergue, Le Mare, et autres, ayant retranché ce qui m'a paru trop compliqué, et développé ce qui est à la portée de tout le monde ; en suivant le même plan que dans mon *Traité de l'Art de l'Ecriture simplifié*, (Ouvrage connu assez avantageusement.) Je désire que celui-ci puisse être aussi utile.

Nota. Je ne reconnaîtrai, pour véritables Exemplaires, que ceux signés par moi, dont deux ont été déposés à la Bibliothèque Impériale.

Brazier
Instituteur

TRAITÉ ANALYTIQUE DE LA LANGUE FRANÇAISE.

PREMIÈRE SECTION.

1°. *Description des Idées.*

Les Idées sont des affections de notre âme, par lesquelles nous concevons ou nous imaginons, sans porter de jugement : mais, pour en porter, il faut analyser ces idées, ce qui ne peut se faire qu'en mettant chaque partie du tout à sa véritable place, ne laissant aucun doute sur les définitions, et ne voyant dans les objets que ce qui y est réellement : fracturant ou séparant les touts particuliers du tout général.

Partir toujours des causes pour arriver aux effets, et cela de décomposition en décomposition.

Ce n'est que par les mots, prononcés ou écrits, que l'on peut juger des idées, puisque ce sont les mots qui peignent ces mêmes idées ; ainsi il ne faut point faire de grace à aucune dénomination impropre.

Les mots sont composés de différens signes, adoptés par chaque peuple en particulier.

Ils viennent du grec *motus*, signifiant *mouvement* ; effectivement, la pensée est, pour ainsi dire, mise en mouvement par ces signes, qui ne sont que les éléments du Discours, pouvant se comparer à un

Edifice élevé (ou à élever,) et se composant comme lui de *matériaux*, *formes* et *arrangemens* : d'où il résulte dans la Théorie bien démontrée d'une langue, qu'il faut connaitre les Principes fondamentaux lui servant de Bases; lesquels sont au nombre de trois dans la langue Française, comme dans les autres.

1°. Description des idées. 2°. Développement de ces mêmes idées. 3°. Arrangement des mots.

Les Français ont vingt-cinq signes, appelés lettres, qui servent à représenter leurs idées; SAVOIR :

a, b, c, d, e, f, g, h, i, k, l, m, n, o, p, q, r, s, t, u, v, x, y, z:

Ces Lettres se divisent en deux sortes: *Voyelles* et *Consonnes*.

Les *Voyelles* n'ont qu'un seul son, et se soudivisent en trois sortes, *Simples*, *Composées* et *Nazales*.

Les *simples* sont formées d'une seule Lettre; comme a, e, i, o, u, auxquelles on admet l'Y.

Les *Composées* se forment de l'union de ces mêmes *Voyelles simples* : au, eu, eau, ai, ei, etc., qu'il ne faut pas confondre avec les *Diphtongues*, IA, IE, IEU, etc. qui ont plusieurs sons détachés.

Les *Nazales* sont toujours les voyelles simples, mais suivies d'une M ou d'une N ce qui les fait prononcer du Nez : AN, AM, EN, EM, IN, IM, etc.

Toute voyelle *Nazale*, suivie d'un B, P, ou PH, prend une M, au lieu d'une N. Exemple: *Embarras*, *Ample*, *Emphase*, etc.

Remarques sur les Voyelles.

La voyelle A, se distingue de quatre manières, 1°. A, Article. Exemple, *à* la Rose.

2°. A, Préposition : qui répond à la question *où*? comme *à* Lyon.

3°. A, Suivi d'un Infinitif; tel que : *à* parler.

4°. A, 3e. Personne du Singulier du Conjonctif avoir : il *a* aimé. C'est le seul sur lequel on ne met point d'accent dessus. Hors de là, les trois premiers prennent l'accent grave, expliqué ci-après.

La voyelle E a trois sons différens : 1°. le son muet comme dans *Monde* : 2°. le son fermé, tel que *bonté ;* 3°. le son ouvert comme dans *accès*, *succès*, etc.

Pour distinguer ces sortes d'*e*, etc. on emploie 3 accents. Savoir l'aigu (´) le grave (`) le circonflexe (^). Le 1er. se met sur tous les E qui ont le son fermé. Le 2e. sur ceux qui ont le son ouvert, et le 3e. sur toutes les voyelles longues ; qui se distinguent des breves sur lesquelles on passe promptement.

EXEMPLES.

Longues.	Brèves.
Dégât, apotre, gîte, etc.	Avocat, dévote, petite, etc.

Remarques sur les Consonnes.

Les *Consonnes* ont plusieurs sons, qu'elles emprumptent des voyelles : Savoir : b, c, d, f, x, etc. qui se prononcent comme s'il y avait be, ce, de, ef, ixe, avec les sons muets, fermés et ouverts.

La plupart des Consonnes se modifient de plusieurs manières. Exemples.

Le C a le son rude, devant les voyelles, *a*, *o*, *u* : *Exemple :* CABINET, COLÈRE, CURIEUX, etc. Et le son doux devant les Voyelles *e*, *i*. *Ex.* CÉLIBAT, CIGOGNE, etc. Mais quoique suivi de ces mêmes Voyelles a, o, u. Si le mot exige un adoucissement, on met dessous le C une cédille. *Ex.* FAÇADE, GARÇON, CONÇU. Il a aussi quelquefois le son du G ; comme Claude, Second ; qui prononcent Glaude, Segond.

Le D a le son du T à la fin d'un mot, étant suivi d'une H muette, ou d'une Voyelle. *Ex.* GRAND-HOMME, GRAND-OISEAU : qui prononcent GRANT-HOMME, GRANT-OISEAU, etc. hors de là, il n'a aucun son : *Ex.* GRAND-DUC, GRAND-CHANTIER, etc.

Le G a aussi le son rude devant, *a*, *o*, *u*. *Ex.* GALÈRE, GOBLET, GUIDE. et lorsqu'il exige un adoucissement, on intercale un E, entre lesdites Voyelles, comme dans GAGEURE, GEOLIER, BOURGEOIS, etc.

L'H, à proprement parler, n'est pas une lettre, mais elle fait aspirer, ou non, la Voyelle qui la suit ; ce qui fait qu'elle se distingue en deux sortes.

H aspirée, comme *Héros*, et non aspirée ou muette, comme *Homme*.

Le FH, a le son de l'F, comme dans *Physique*.

Le Q a le son du C et du K. *Ex.* QUALITÉ, QUITTER, etc.

L'S. a le son doux du Z entre deux Voyelles, *ex.* ROSE, et le son du C entre une Voyelle et une consonne. *Ex.* BASTION; ou au commencement d'un mot, tel que SACRÉ: mais entre deux Voyelles, lorsqu'elle doit avoir le son qui lui est naturel: on la double. *Ex.* MOISSON, POISSON, etc.

Le T a aussi le son du C lorsqu'il est suivi de plusieurs Voyelles. *ex.* MUNITION, etc. à quelques exceptions près: comme MODESTIE, etc. et il ne se prononce jamais à la fin des mots RESPECT, ASPECT.

L'X a le son du C et de l'S. *Ex.* FIXER, TAXER, etc.

L'Y a le son de deux I au milieu d'un mot entre deux Voyelles. *Ex.* ESSAYER, ENVOYER, MOYEN, etc., et le son d'un I seul au commencement d'un mot ou lorsqu'elle fait un mot à elle seule. *Ex.* YEUX, IL Y ETAIT, etc.

Le Z ne change jamais le son doux qu'il a, quelque soit sa position.

Nota. Il y a encore d'autres signes servant à la ponctuation dans le Discours; ainsi que quelques observations; lesquels seront expliqués à la troisième Section, ou arrangement des mots.

IIe. SECTION.

2°. *Développement des Idées.*

Dans l'analyse, les mots, ou parties du Discours, sont au nombre de quatre avec leurs sous-divisions, lesquels comprennent les neuf parties de certaines Grammaires.

Ces 4 mots sont :

Le Substantif, l'Adjectif, le Conjontif et le sur Adjectif complet et incomplet.

Du Substantif, *première Partie.*

C'est le 1er. mot qu'on prononce dans toutes les Langues : aussi est-il l'âme de la Phrase, renfermant par ses modifications divers Pronoms; et venant du Latin, *Substantia*, qui indique une substance.

Il est divisible en *Physiques*, *Métaphysiques*, *Communs*, *Propres* ou *Absolus* : *Relatifs* et *Collectifs*.

Les mots se considèrent de deux façons; en *Matériels*, et en *Significatifs*.

Les *Matériels* se composent simplement de lettres sans avoir égard à leur signification : ainsi *Jardin*, pris matériellement est composé de 6 lettres, Savoir : J-A-R-D-I-N. Mais significativement, ce mot indique un endroit garni de fleurs, fruits ou légumes : car les mots significatifs sont considérés comme indivisibles, tels que les idées qu'ils représentent.

Tout mot quelconque se forme de syllabes, du Latin, *Syn* et *Labo*, signifiant : JE PRENDS ENSEMBLE : En effet, c'est une quantité de lettres réunies qui ne peuvent se séparer, et doivent se prononcer d'une seule émission de voix. *Ex.* BOSQUET VILLAGEOIS : dont le premier est composé de deux syllabes et le deuxième de trois syllabes : observant qu'une syllabe ne peut se former que de l'union de Voyelles avec des Consonnes, et jamais des Voyelles avec des Voyelles, ni de Consonnes avec des Consonnes, à quelques exceptions près.

EXPLICATION DÉTAILLÉE DES SUBSTANTIFS.

1°. *Du Substantif Physique.*

Ce nom lui est attribué, du Grec *Phusis* et du Latin *Physica* : signifiant tous les deux NATURE; aussi exprime-t-il tous les objets existants dans la Nature, ANIMÉS ou non ANIMÉS : COMMUNS ou PROPRES : ABSOLUS ou RELATIFS, et même COLLECTIFS.

Les Substantifs PHYSIQUES et COMMUNS, désignent tous les êtres semblables : Comme : BOIS, PRAIRIE, etc.

Les Propres, tels que : PARIS, VOLTAIRE, qui ne conviennent qu'à un seul objet, s'appellent encore ABSOLUS : et les RELATIFS ; comme : JE, TU, IL, NOUS, VOUS, ILS ou ELLES, etc. remplacent les Pronoms personnels, et autres, dans l'analyse : puisque la qualité de Pronom vient du latin, *Pro* et *Nomine*, signifiant POUR LE NOM : donc un SUBSTANTIF RELATIF, indique la même dénomination ; car dire, JE SUIS VENU ; c'est sous-entendu dire : MOI, UN TEL, ÊTRE EXISTANT, SUIS VENU ; ainsi des autres.

Les Collectifs indiquent des objets pluriels, par une expression au singulier. *Ex.* LE PEUPLE, L'ARMÉE, LA FORÊT, etc. signifiant beaucoup DE MONDE, DE SOLDATS, et D'ARBRES, etc.

2°. *Du Substantif métaphysique.*

Ces sortes de Substantifs, désignent les objets qui n'existent qu'en imagination, venant du Grec, META et PHUSIS, ainsi que du Latin SUPER et NATURA, signifiant HORS LA NATURE, comme dans ces mots : LIBERTÉ, VÉRITÉ, BLANCHEUR, etc.

Nota. Tous les Substantifs sont susceptibles de Genres, de Nombres et de Cas ; qui servent à les modifier.

Il y a deux sortes de Genres en Français : Le masculin, qui désigne le MALE, et le féminin, la FEMELLE : ainsi lorsqu'on a trouvé le genre d'un mot dans le Dictionnaire, on sait si l'on doit mettre devant lui, les autres petits mots, LE, LA, LES, UN, UNE : regardés dans l'analyse, comme des ADJECTIFS, DÉTERMINATIFS, ou INDICATIFS, et non pas sous la dénomination D'ARTICLES, qui n'est pas le nom qui leur convient ; quoiqu'on trouve dans beaucoup de Grammaires, que les ARTICLES sont des petits mots qui se mettent devant les noms pour, en faire connaitre le GENRE, le NOMBRE et le CAS ; ce qui est faux, puisque ces articles ne donnent pas le GENRE, qui se trouve désigné dans les Dictionaires après chaque mot, par la lettre M, signifiant le MASCULIN, et la lettre F, indiquant le FÉMININ : pour lors on emploie LE, pour indiquer le MASCULIN et LA pour le FÉMININ : LES, devant le pluriel des deux Genres (car il n'y a pas de neutre en Français.) Enfin ces articles expriment si peu le Genre et le Nombre, qu'on ne les emploie pas en latin, attendu que le Genre est à volonté chez différents peuples pour tous les objets inanimés; puisque POMMIER, PRUNIER, etc. qui sont masculin en français sont féminin en latin, et que TEMPLE masculin en français, est du Neutre en latin, etc. Pour lors connaissant la terminaison MASCULINE des noms; on y ajoute un E muet à la fin pour avoir la FÉMININE. *Ex* MERCIER fait MERCIÈRE, GRAND, GRANDE, à l'exception des mots terminés au singulier par un É fermé, qui en prennent deux au FÉMININ. *Ex. le Pâté, la Pâtée*, etc.

Le nombre indique si on s'exprime au singulier ou au pluriel. Le singulier marque un seul objet, et le pluriel en désigne plusieurs, mettant des S à la fin des mots. *Ex.* LA MAISON, LES MAISONS, etc. excepté ceux qui finissent au singulier par EU, AU, EAU, ou qui prennent des X au pluriel à la place des S. *Ex.* LE FEU, LES FEUX; LE CHÂTEAU, LES CHÂTEAUX; LE FOU, LES FOUX, etc. Ainsi que d'autres terminés par AL et AIL, qui se terminent en AUX. *Ex.* le CHEVAL, les CHEVAUX, le TRAVAIL, les TRAVAUX, à quelques exceptions près, expliquées à la 3e. Section. Voyez le Tableau des Déclinaisons page 15, selon l'ordre adopté ci-après.

Des Cas.

Ils servent à désigner la position particulière des mots, et ne sont absolument utiles que dans le Latin, ou dans d'autres langues étrangères, dont les terminaisons sont différentes; au lieu qu'en français elles sont toutes semblables, mais si l'on veut adopter l'ordre analytique, il faut suivre celui de l'analogie comme en latin; attendu que c'est le bon sens qui le détermine : savoir.

1°. Le Génitif. 2°. Le Datif. 3°. L'Ablatif. 4°. L'Accusatif. 5°. Le Nominatif. 6°. Le Vocatif.

1°. LE GÉNITIF, du Latin *Gignère*, signifie engendrer, étant le principe des autres, et marquant possession, comme générateur. *Ex.* La MAISON DE CICÉRON ; le LIVRE DE PIERRE. C'est-à-dire, la Maison qui appartient *à* CICÉRON, et le LIVRE qui appartient *à* Pierre, etc.

2°. LE DATIF, indique un terme auquel aboutit un don ou attribution.

Exemples.

Le Peuple érigea une Statue *à* César.
Je donne de l'Argent *à* mon Père.

3°. L'Ablatif, semble être le même que le GÉNITIF, et cependant il en diffère beaucoup, indiquant l'objet d'où la chose est tirée, venant du latin *Ab* et *Latus*, signifiant PORTÉ et LOIN ; ou de *Auferre*, qui veut dire ÔTER, ENLEVER : aussi, dans quelques Grammaires, on l'exprime en mettant DE OU PAR.

Exemples.

Je suis aimé DE Dieu : accablé PAR le chagrin, ou DE chagrin, etc. l'on voit que l'action d'aimer sort de Dieu et que le chagrin tombe sur moi : or pour tomber sur moi, il faut qu'il sorte de quelqu'endroit.

4°. L'ACCUSATIF, diffère aussi du NOMINATIF, quoiqu'il paraisse lui ressembler ; il vient du latin CUDERE, signifiant FRAPPER, et AD, qui veut dire DESSUS : ou de ACCUSARE, signifiant ACCUSER. Ce qui est la même chose : car frapper quelqu'un ou SUR quelqu'un, c'est pour ainsi dire l'accuser.

Exemples.

J'AIME ou je HAIS la société : je frappe LA table ; je veux jouer ; ce qui signifie, JE VEUX LE JEU, etc. d'ailleurs, ils est toujours précédé d'un ou plusieurs mots ; au lieu que le NOMINATIF est le premier dans la phrase.

5°. LE NOMINATIF, vient du latin NOMINARE, signifiant NOMMER : c'est pourquoi, il est le mot PRIMAIRE de la Phrase.

Exemples.

CÉSAR fut heureux. La VIGNE est belle.

6°. Le VOCATIF, signifie APPELER, du Latin VOCARE; effectivement il marque une exclamation, et s'exprime par la voyelle ŏ et l'accent circonflexe dessus, ou sans ô, s'y trouvant sous-entendu, en mettant une virgule après le nom.

Exemples.

ô ROME ! qu'est devenu ta grandeur ?
OU
ROME, qu'est devenu ta grandeur ?

Nota. On peut encore distinguer tous ces Cas en faisant des questions dessus; mais ce n'est qu'un moyen secondaire et non une démonstration.

De l'Adjectif, 2e. *Partie.*

Ce mot est ainsi nommé du latin ADJECTIVUS, signifiant AJOUTER : aussi n'est-il que l'adjoint du Substantif, auquel il est absolument soumis, n'ayant ni GENRE, ni NOMBRE, ni CAS, que ceux qu'il emprunte de lui, et avec lequel il est obligé de s'accorder.

Il se divise en plusieurs sortes.

SAVOIR :

QUALIFICATIFS, DÉTERMINATIFS OU INDICATIFS, ACTIFS, PASSIFS, NUMÉRIQUES OU D'ORDRE, D'ÉGALITÉ OU DIMINUTION, EXTENTION, etc.

Des Adjectifs qualificatifs.

Ils servent à développer les qualités des SUBSTANTIFS comme : HOMME SAGE, FEMME AIMABLE, FLEUR ROUGE, etc. puisque SAGE, AIMABLE et ROUGE expriment les qualités D'HOMMES, de FEMMES et de FLEURS, etc.

Des Adjectifs déterminatifs.

Ils remplacent les articles LE, LA, LES : DU DE-LA, DES, AU, A LA, AUX : ainsi que les Pronoms Démonstratifs CE, CET, CETTE, CES, et autres dont les Phrases suivantes vont donner des preuves.

Exemples.

LA Table, CETTE Fleur, MA Maison, MES Livres : ainsi que LA MIENNE, OU LES MIENS, signifiant la MIENNE MAISON, les MIENS LIVRES, etc. Ces mots déterminant les objets et les distinguant les uns des autres ; puisque chaque objet est désigné particuliérement.

Des Adjectifs Actifs et Passifs.

Les 1ers. expriment (comme les PARTICIPES ACTIFS) la modification d'une action ACTIVE, PRÉSENTE OU FUTURE.

Les 2es. marquent l'action PASSIVE, ou faite, c'est pourquoi ces PASSIFS prennent le nom D'ADJECTIFS PASSIFS, qui leur convient mieux que celui de PARTICIPES, attendu qu'ils se déclinent comme tous les autres ADJECTIFS : ce qui sera plus amplement expliqué ci-après, dans le Tableau de l'Accord des Adjectifs, entre les pages 36 et 37.

Des Adjectifs numériques.

Ces Adjectifs, nommés communément ABSOLUS, ORDINAUX, OU CARDINAUX; sont renfermés dans les Dénominations simples de NUMÉRIQUES OU D'ORDRE.

Les premiers sont UN, DEUX, TROIS, etc. qu'il ne faut pas confondre avec UN, DEUX, TROIS, ADJECTIFS DÉTERMINATIFS : comme l'orsqu'on dit : UN homme, ou DEUX hommes sont venus : ce qui détermine que c'est UN homme, ou DEUX hommes qui sont venus, plutôt que d'autres individus : Mais si aux ADJECTIFS NUMÉRIQUES, on ajoute IÈME, on aura des ADJECTIFS D'ORDRE, qui feront UNIÈME, DEUX-IÈME, TROI-SIÈME : puis si à ces finales on y ajoute encore le mot MENT, on aura les adverbes, ou SUR-ADJECTIFS. DEUX-IÈME-MENT, TROIS-IÈME-MENT, etc. lesquels étant décomposés donneront 1°. les ADJECTIFS D'ORDRE, lesquels à leur tour, donneront les Numériques, le tout par le moyen de cette décomposition.

Il y a de plus d'autres noms de nombre qui servent à désigner une certaine quantité, comme une DIXAINE, une CENTAINE, un MILLIER, etc. ainsi que ceux qui marquent les parties d'un tout, telles que, la demie, le tiers ou le quart.

Enfin, ceux qui servent à multiplier ces mêmes parties, comme le DOUBLE, le TRIPLE, le QUADRUPLE, etc.

Des Adjectifs d'égalité, Extention, etc. appelés dégrés de comparaison.

SAVOIR :

POSITIFS, COMPARATIFS et SUPERLATIFS.

1°. Le POSITIF n'est que L'ADJECTIF simple et qualificatif : comme BON, d'où est venu BONTÉ, BEAU, qui a fait BELLE, et venant de BEAUTÉ, etc. On peut de certains ADJECTIFS, ou POSITIFS, tels que BON, etc. faire des SUR-ADJECTIFS COMPLETS et INCOMPLETS. Comme BONNEMENT, ou AVEC BONTÉ, ce qui est la même chose.

2°. Le Comparatif se divise en trois sortes, D'ÉGALITÉ, de DÉFAUT et D'EXCÈS.

Le premier d'Egalité, en mettant devant le POSITIF, les mots AUTANT ou AUSSI.

EXEMPLES.

La pensée est AUTANT, ou AUSSI belle que la Violette.

Le deuxième de Défaut, en mettant le mot MOINS.

EXEMPLES.

La Renoncule est MOINS belle que la Rose.

Le troisième d'Excès, en mettant le mot PLUS.

EXEMPES.

La Rose est PLUS belle que la Renoncule.

On voit que ces mots MOINS et PLUS forment un contraste entre les deux fleurs, remarquant qu'aux comparatifs D'ÉGALITÉ, c'est le mot QUE, qui sert à joindre les deux objets comparés par AUTANT ou AUSSI, et dans ceux de DÉFAUT, c'est pareillement le mot QUE qui lie le mot MOINS, marquant diminution; ainsi que dans ceux D'EXCÈS, c'est toujours ce mot QUE qui lie le mot PLUS, lequel marque une EXTENTION, ou AUGMENTATION.

3°. Le SUPERLATIF, marque ÉLÉVATION ou AUGMENTATION, et se divise en deux sortes. Savoir;

Le SUPERLATIF ABSOLU et le RELATIF.

1°. L'absolu, porte l'action au plus haut dégré et l'indique par les mots, TRÈS et FORT, mis devant les objets. Comme TRÈS SAGE, FORT SAGE, etc. mais entre deux objets comparés, on met le mot PLUS. *Ex.* Paris est une ville PLUS belle que Rouen. Ce qui répond au COMPARATIF D'EXCÈS : on dit aussi ; c'est le PLUS SAGE, etc.

2°. Le RELATIF se forme en mettant après les objets à élever, les mots, LE PLUS ou LA PLUS. *Ex.* Paris est la PLUS belle Ville du monde.

Voltaire est LE PLUS grand homme qu'ait produit la France.

Enfin, il y a encore 3 ADJECTIFS qui expriment seuls, et chacun séparément, une comparaison ; ce sont: MEILLEUR ou MEILLEURE, signifiant PLUS BON, etc. MOINDRE signifiant PLUS PETIT, PLUS PETITE: PIRE ou PIS, qui veulent dire PLUS MAUVAIS ; attendu que ces significations ne sont pas usitées; ainsi il faut s'exprimer de cette manière.

EXEMPLES.

La Sagesse est MEILLEURE que la science, et non pas, PLUS bonne.

Cet homme est MOINS grand que son frère, et non pas, PLUS petit.

Le mensonge est PIRE ou PIS, que l'indocilité, mais non pas, PLUS MAUVAIS, etc.

TABLEAU DES DÉCLINAISONS.

Masculin singul.	*Masculin singul.*	*Masculin singul.*
Gén. du Rosier.	G. de l'Oiseau.	G. du Général.
D. au Rosier.	D. à l'Oiseau.	D. au Général.
Ab. du Rosier.	Ab. de l'Oiseau.	A. du Général.
Ac. le Rosier.	Ac. l'Oiseau	Ac. le Général.
No. le Rosier.	No. l'Oiseau.	No. le Général.
Vo. ô Rosier.	Vo. ô Oiseau.	Vo. ô Général.
Idem Pluriel.	*Idem Pluriel.*	*Idem Pluriel.*
G. des Rosiers.	G. des Oiseaux.	G. desGénéraux
D. aux Rosiers.	D. aux Oiseaux.	D.auxGenéraux
Ab. des Rosiers.	A. des Oiseaux.	A. desGénéraux
Ac. les Rosiers.	Ac. les Oiseaux.	A. lesGéneraux
No. les Rosiers.	N. les Oiseanx.	N. lesGéneraux
Vo. ô Rosiers.	Vo. ô Oiseaux.	V. ô Généraux
Féminin singul.	*Féminin singul.*	*Masculin singul.*
G. de la Prairie.	G. de l'Humeur.	G. du Travail.
D. à la Prairie.	D. à l'Humeur.	D. au Travail.
A. de la Prairie.	A. de l'Humeur.	Ab. du Travail.
Ac. la Prairie.	Ac. l'Humeur.	Ac. le Travail.
No. la Prairie	No. l'Humeur.	No. le Travail.
Vo. ô Prairie	Vo. ô Humeur.	Vo. ô Travail.
Idem Pluriel.	*Idem Pluriel.*	*Idem Pluriel.*
G. des Prairies.	G. des Humeurs	G. des Travaux.
D. aux Prairies.	D. aux Humeurs	D. auxTravaux.
A. des Prairies.	A. des Humeurs	A. des Travaux.
Ac. les Prairies.	A. les Humeurs	A. les Travaux.
No. les Prairies.	N. les Humeurs	N. les Travaux.
Vo. ô Prairies.	Vo. ô Humeurs	V. ô Travaux.

Du Conjonctif (ou Verbe.) 3e. *Partie.*

Ce nom de CONJONCTIF est le seul qui convienne à cette partie du Discours, puisqu'il sert à lier le SUBSTANTIF avec L'ADJECTIF, au lieu que celui de VERBE, du latin *Verbum*, signifie PAROLE; or comme tous les mots sont des PAROLES, il résulterait de cela, que tous les mots seraient des VERBES, ce qui est faux en principe.

On peut par conséquent comparer le CONJONCTIF, au fléau d'une Balance, dont le SUBSTANTIF et L'ADJECTIF sont les deux PLATEAUX ; ou à un NŒUD, qui lie ce SUBSTANTIF avec L'ADJECTIF; comme on le voit dans cette proposition : L'HERBE EST VERTE, où le mot EST lie ou attache l'adjectif VERTE, avec le substantif HERBE. Il ne devrait même y avoir dans le discours que le seul Conjonctif ÊTRE, signifiant exister ; puisque tous les autres peuvent se rendre par lui, n'importe le type de leur Conjugaison : car, dire : J'AIME, je FINIS, je REÇOIS, etc C'est comme si l'on disait : je suis EXISTANT en AIMANT, en FINISSANT, en RECEVANT, etc. Ce qui signifie de même les actions D'AIMER, de FINIR, de RECEVOIR, etc. C'est pourquoi sachant bien conjuguer ÊTRE, on peut conjuguer tous les autres. Enfin on pourrait prouver que, AVOIR et ÊTRE ne sont pas plus auxiliaires que les autres. *Ex.* Soit proposé : J'AI ÉTÉ BATTU, ou JE SUIS BATTU : AVOIR et ÊTRE paraissent d'abord servir à conjuguer BATTRE; mais si on prouve que ce mot n'est point un Conjonctif, qu'il est simplement un ADJECTIF, le Probléme est résout, et le voici : ne peut-on pas dire j'ai ÉTÉ BON, ou MÉCHANT, je SUIS BON ou MÉCHANT, comme j'AI ÉTÉ BATTU, ou je SUIS BATTU ; personne ne peut contester que BON et MÉCHANT ne soient deux ADJECTIFS ; ainsi BATU est donc pareillement un ADJECTIF, puisqu'il se décline comme tant d'autres; tels que : AIMÉ, PRIS, REÇU, ENTENDU, etc. en disant je SUIS AIMÉ OU AIMÉE ; PRIS OU PRISE ; REÇU, REÇUE ; ENTENDU, ENTENDUE, etc. Car, dans toutes ces propositions ; J'AI, ou je SUIS, ne marquent que l'affirmation, et se conjuguent eux-mêmes ; mais ne conjuguent pas les autres, ils ne font que les précéder.

Néanmoins l'usage ayant prévalu, on conjugue tous les Conjonctifs, c'est-à-dire, qu'on les fait passer par la fillière des TEMPS et des PERSONNES, tant du singulier que du pluriel, sous diverses dénominations, telles que, CONJONCTIFS SUBSTANTIFS, ADJECTIFS, NEUTRES, ACTIFS, PASSIFS, etc. lesquels peuvent se réduire à deux sortes : ACTIFS, et PASSIFS, puisqu'ils expriment tous des actions ACTIVES et PASSIVES, à l'exception de que quelques modifications.

Chaque Langue particulière n'ayant pas tous les temps contenus dans la Grammaire générale, je ne parlerai que de ceux de la Langue Française, qui sont réguliers, laissant les irréguliers qui ne peuvent s'apprendre que de mémoire, comme le dit Condillac. *Voyez-les à la page 30.*

On distingue tous les Conjonctifs Françis par leurs termin isons infinitives qui leur servent de type, et qui sont au nombre de cinq dans l'analyse au lieu de quatre, qu'on trouve dans les Grammaires ; distinguant IRE de RE, attendu que ces deux Conjonctifs ne suivent pas les mêmes règles dans leurs Conjugaisons ; mais rangées selon l'ordre plus ou moins de la quantité des Conjonctifs qu'elles produisent, comprenant un total de 4501 Conjonctifs primordiaux, et non leurs composés, tels, par *Exemple*, POSER ; qui a pour composés, REPOSER, RECOMPOSER, INTERPOSER, etc. lesquels se conjuguent sur le même type.

SAVOIR ;

La 1re. terminée en	*er*,	comme aim*er*, produit	3798
La 2e.	*ir*,	. . . fin*ir*, . . .	444
La 3e.	*re*,	. . rend*re*, . .	135
La 4e.	*ire*,	. cond*uire*, . .	84
La 5e.	*oir*,	. recev*oir*, . . .	40
		Total. .	4501

Conjonctifs.

Il y a donc, comme j'ai dit, deux sortes de Conjonctifs : 1°. Les ACTIFS, ou qui ont la voix ACTIVE, tels que je BATS, je CHANTE, etc. 2°. Les PASSIFS, c'est-à-dire, ceux qui ont la voix PASSIVE, comme : je SUIS BATTU OU BATTUE ; je SUIS AIMÉ OU AIMÉE, etc. Retranchant les temps (1) composés, si l'on veut, comme étant inutiles.

Les CONJONCTIFS ont la propriété d'être en rapport les uns envers les autres, afin de mettre les événemens en contraste, forment ce qu'on appelle MODES, qui se divisent en PERSONNELS et IMPERSONNELS.

Les MODES PERSONNELS ne se conjuguent qu'avec le secours des Personnes, et les IMPERSONNELS sans celui de ces mêmes Personnes.

Il y a aussi des Conjonctifs UNIPERSONNELS, c'est-à-dire, qui n'ont qu'une seule personne, comme il FAUT, il PLEUT, il IMPORTE, etc. sans les IRRÉGULIERS, qui manquent de certains tems et de certaines Personnes.

On reconnaît un Conjonctif, lorsqu'on peut mettre devant, JE, TU, IL OU ELLE, etc. sachant que JE indique la première Personne ou celle qui parle; TU ou VOUS, si on ne tutoie pas, indique la deuxième Personne ou celle à qui on parle ; IL ou ELLE marque la troisième Personne, ou celle de qui on parle ; ainsi que NOUS, VOUS, ILS ou ELLES, indiquent les pareilles Personnes du Pluriel.

Les Terminaisons des Personnes de chaque tems se distinguent, en remarquant si elles sont MASCULINES OU FÉMININES, comme, par exemple, dans les Conjonctifs ASSEOIR, FINIR, les Personnes MASCULINES du premier se terminent toutes en IS dans certains temps, c'est-à-dire, avec une S à la fin ; attendu qu'au féminin elles font ISE en y ajoutant un E muet, comme aux Noms.

---

(1) Voyez-en l'explication à la formation des Temps, page 42 et suivantes.

EXEMPLES.

J'étais ASSIS, faisant au féminin ASSISE. Mais, dans le deuxième et autres semblables, les premières MASCULINES se terminent en I simple, comme FINI, qui fait au féminin FINIE, REÇU, REÇUE, en ajoutant des S S au pluriel.

Les autres suivent la Règle générale, savoir : lorsque les premières et deuxièmes Personnes du singulier sont terminées par des SS ou des XX, il faut substituer à ces lettres un T aux troisièmes Personnes.

Quand il n'y a point d'S aux premières personnes, on en met une aux deuxièmes, et les troisièmes sont semblables aux premières, c'est-à-dire, sans S.

EXEMPLE.

J'AIME, tu AIMES, il ou elle AIME.

Quand les premières et deuxièmes Personnes du singulier sont terminées par CS, DS, TS, on retranche l'S finale aux troisièmes.

EXEMPLES.

Je CONVAINCS, tu CONVAINCS, il ou elle CONVAINC.

Je PRENDS, tu PRENDS, il ou elle PREND.

Je COMBATS, tu COMBATS, il ou elle COMBAT.

Les premières Personnes du pluriel sont toujours terminées en ONS ou IONS.

Les deuxièmes en EZ ou IEZ.

Les troisièmes en ONT, ENT, AIENT ou OIENT ; le tout à quelques exceptions près.

Toutes les terminaisons du singulier masculin en É fermé en prennent deux au féminin, ainsi que quelques autres, qui en ont deux au masculin, lesquelles en prennent trois au féminin, en y ajoutant des S S au pluriel.

EXEMPLES.

Je suis TOMBÉ OU TOMBÉE, nous sommes TOM[illegible] OU TOMBÉES.

Il est AGRÉÉ ou CRÉÉ, elle est AGRÉÉE ou CRÉÉE, ils sont AGRÉÉS ou elles sont AGRÉÉES, etc. etc.

Nota. Il ne faut pas confondre LE, LA, LES, Pronoms Conjonctifs des Grammaires avec les Articles ou Adjectifs déterminatifs de l'analyse : les premiers étant suivis de Conjonctifs et les deuxièmes de Noms.

Exemples des premiers.

Je LE FLATTE, je LA FLATTE, je LES FLATTE, signifiant je FLATTE LUI ou ELLE, ou EUX ou ELLES.

Je LE CROIS, c'est-à-dire, je CROIS CELA ou CETTE CHOSE.

Exemples des deuxièmes.

Le Jasmin, la Rose, les Jasmins, les Roses.

Autres Observations sur LE, LA, LES.

LE est indéclinable, c'est-à-dire, ne change point de genre, ni de nombre, etc. lorsqu'il se rapporte à un ou plusieurs Adjectifs, comme dans les réponses faites par une ou plusieurs Dames sur les questions suivantes : êtes-vous Riche ? ou Riches ? Malade ? ou Malades ? Elle doit ou elles doivent répondre : je LE suis ou nous LE sommes, et non pas : je LA suis, nous LES sommes. Mais LE est déclinable, quand il se rapporte à un substantif, et qu'il peut se tourner par un pronom personnel (ou substantif absolu). Ainsi en demandant à une Dame : êtes-vous Madame une telle ? ou êtes-vous la Malade ? elle doit répondre : je LA suis, c'est-à-dire, je suis ELLE ou la Malade. Si on lui demande : sont-ce là vos gens ? elle doit dire : ce LES sont, signifiant ce sont EUX, etc. etc. etc.

DES DIFFÉRENS TEMPS DES CONJONCTIFS.

1°. *Des Modes personnels.*

Ils sont au nombre de 4, savoir :

1er. L'INDICATIF PRÉSENT, venant du latin *Indicare*, signifiant INDIQUER. Aussi indique-t-il un événement arrivant dans un tems présent, mais comme indépendant et marquant affirmation ou interrogation, et qui sert à former le quatrième mode appelé IMPÉRATIF, en retranchant JE.

EXEMPLES.

Je LIS, j'AIME, ou bien LIS-tu ? AIME-tu ? etc. sous-entendu présentement.

2°. Le CONDITIONEL, qui se divise en deux sortes :

1°. CONDITIONNEL PRÉSENT, marquant une action qui aurait lieu dans un temps présent, moyennant une condition.

EXEMPLE.

Je LIRAIS PRÉSENTEMENT, si j'avais des livres.

2°. CONDITIONNEL PASSÉ, qui indique une action, laquelle aurait eu lieu dans un temps passé, mais qui dépendait d'une condition passée, et qui n'a pas eu lieu.

EXEMPLE.

J'AURAIS ou j'EUSSE LU AUTREFOIS, si l'on m'eût donné des livres.

3°. Le SUBJONCTIF PRÉSENT ou FUTUR, nom qui lui vient du latin *sub* et *jungere*, signifiant JOINDRE DESSOUS : et en effet il a la propriété de se joindre à un autre mot, et il doit être essentiellement dessous ce mot.

EXEMPLE.

Il faut QUE je lise, c'est-à-dire, présentement ou très-prochainement. On voit que ce Conjonctif LIRE complette l'autre Conjonctif FALLOIR, qui est dessous, et qu'ils sont tous les deux liés par le mot QUE, exprimant plutôt un PRÉSENT qu'un FUTUR.

4°. L'IMPÉRATIF, du latin *Imperare*, qui signifie COMMANDER, sert aussi à PRIER ou à EXHORTER, et ressemble beaucoup à l'Indicatif, duquel on a retranché le mot JE, n'ayant pas de première personne, parce qu'on ne se commande pas soi-même.

EXEMPLE.

LIS et LISEZ, ou bien je vous PRIE et vous EXHORTE A LIRE.

Des Modes impersonnels.

Il y en a deux : l'INFINITIF et le PARTICIPE, ou ADJECTIF ACTIF et PASSIF.

1°. L'INFINITIF vient du latin *Sine fine ;* c'est-à-dire, SANS FIN. Il indique les événements d'une manière vague, et ne désigne pas le nombre ni la personne ; c'est, pour ainsi dire, un véritable substantif dans beaucoup d'occasions, telles que DÎNER, SOUPER, LIRE, etc. ce qui marque les événemens sans aucune désignation. Car DÎNER est l'INFINITIF ou CONJONCTIF lui-même, et le DINER est aussi un SUBSTANTIF.

Un CONJONCTIF est toujours à l'INFINITIF, lorsqu'il est précédé d'un autre CONJONCTIF, ou que ce CONJONCTIF est sous-entendu et commençant la phrase.

Premiers Exemples.

IL LE FIT ALLER ; IL LE FORÇA A MANGER.

Deuxièmes Exemples.

COMBLER LE FOSSÉ, MANGER LA SOUPE, c'est-dire, IL LUI FIT COMBLER LE FOSSÉ, et LE FORÇA A MANGER LA SOUPE.

2°. Le PARTICIPE OU ADJECTIF, tant ACTIF que PASSIF, marque l'action ACTIVE OU PASSIVE, comme il est plus amplement détaillé à l'accord de ces mêmes ADJECTIFS.

DE LA FORMATION DES TEMPS.

Tous les Temps particuliers dérivent de trois temps qui existent dans la nature, savoir : le PASSÉ, le PRÉSENT et le FUTUR (OU AVENIR), lesquels sont par conséquent les trois Temps primitifs, n'étant formés d'aucuns, mais au contraire servant à former les autres. Ainsi il a donc les Temps PRIMITIFS, les SIMPLES et les COMPOSÉS, si on les admet, n'étant que des ADJECTIFS ajoutés à d'autres temps des Conjonctifs AVOIR et ÊTRE, comme J'AI ÉTÉ AIMÉ, OU AIMÉE, etc.

Temps Primitifs et Simples.

Le premier est le présent de l'INDICATIF, qui est un TEMPS PRIMITIF, parce qu'il ne se forme d'aucun Temps; au contraire, il sert à former (comme je l'ai dit) l'Impératif, en retranchant JE. *Exem.* Je LIS, je MARCHE, j'AIME, etc. qui font à l'Impératif; LIS, MARCHE, AIME. Voyez le N°. 6.

Le second est le PRÉTÉRIT, ou PASSÉ DÉFINI, pareillement PRIMITIF, et formant l'Imparfait du Subjonctif, en changeant AI en ASSE, tels que; j'aimAI, il fallait ou il faudrait que j'aimASSE.

Le troisième, appelé IMPARFAIT, ou PASSÉ de l'INDICATIF, se forme du PARTICIPE, ou ADJECTIF actif PRÉSENT, en changeant sa terminaison ANT, en AIS ou OIS; AimANT, j'AimAIS, etc.

Le quatrième est le FUTUR SIMPLE, lequel est un temps simple, se formant de l'Infinitif présent en changeant R en RE, ou RAI. *Ex.* J'AIMERAI, je PRENDRAI, venant des Infinitifs AIMER et PRENDRE, etc.

Le cinquième est un Temps simple, formé du FUTUR SIMPLE, et appelé CONDITIONNEL PRÉSENT, en changeant RAI en RAIS ou ROIS; comme, je CHARGERAI, qui fait je CHARGERAIS.

Le sixième est l'IMPÉRATIF, formé comme j'ai dit, de l'INDICATIF PPÉSENT. Voyez le au N°. I, observant qu'à l'Impératif VAS, du Conjonctif ALLER, on y met une S, étant suivi d'un infinitif. *Ex.* VAS VOIR. Mais lorsqu'il signifie RETIRE TOI; on n'en met pas. *Ex.* VA-T'EN; attendu que le T n'est employé que pour éviter l'*iatus* de la bouche.

Le septième est un Temps simple, appelé PRÉSENT, du Subjonctif, ou Futur idem. Il est formé du Participe ou Adjectif actif futur, changeant ANT en E muet, et mettant devant le mot QUE; tel on le voit dans POURSUIVANT, que je POURSUIVE, etc.

Le huitième est un Temps simple, appelé IMPARFAIT, OU PASSÉ DU SUBJONCTIF, formé du Prétérit ou Passé simple; changeant AI en ASSE, pour les Conjonctifs terminés en ER, y ajoutant seulement JE, avec le mot QUE, pour ceux des trois autres conjugaisons.

Premiers Exemples.

J'AIM-AI, que J'AIM-ASSE.

Seconds Exemples.

Je PERÇUS, je FINIS, je RENDIS; qui font: il fallait QUE je PERÇUSSE, que je FINISSE, que je RENDISSE.

Le neuvième est un Temps primitif, appelé INFINITIF, qui sert à former le Futur de l'Indicatif, comme on voit le contraire au N°. 4; c'est-à-dire, qu'ils se forment l'un par l'autre, en ajoutant AI, ainsi de AIMER, on fait j'AIMERAI; de FINIR, je FINIRAI, etc.

Le dixième est un Temps primitif, nommé PARTICIPE, ou Adjectif passif, qui ne se forme d'aucun temps, et sert au contraire à former des temps composés si on les admet: comme, CRU, CRUE, ou ayant CRU ou CRUE, étant VENU ou VENUE, BATU ou BATUE, etc.

Le onzième est encore un Temps primitif, remplaçant le Participe, ou Adjectif actif présent, lequel sert à former l'Imparfait de l'Indicatif, et le Présent du Subjonctif, ainsi que les premières, secondes et troisièmes Personnes du Pluriel des Indicatifs présens.

Exemples.

REMUANT, ARRIVANT, etc. changeant la terminaison ANT, en AIS ou OIS. Voyez le N°. 3, dont celui-ci n'est que le retour.

Le douxième et dernier, est le PARTICIPE, ou Adjectif futur, qui se forme du Futur, et de l'Adjectif présent du Conjonctif AVOIR. *Exemples.*

Devant AIMER, devant JOUER, devant se BATTRE, etc.

Il résulte de cela, que dans tous les Conjonctifs, les événemens se composent de trois époques, dont la première est l'instant de la PAROLE; les seconde et troisième, tout autre instant que CELUI

DE LA PAROLE : ainsi, tous les temps comparés à la première époque, sont nécessairement PRÉSENS, PASSÉS et FUTURS, mais avec des modifications de Simultanés ou Instantanés, Antérieurs, Postérieurs; d'où il résulte différens Passés, différens Présens, et différens Futurs : mais il faut considérer, dans les temps, à quelle époque l'action se passait, et si elle était circonscrite ou non dans la Période, laquelle est censée un Cercle, pouvant se comparer, lorsqu'elle est finie, à un temps dont il ne reste plus rien : comme le MOIS PASSÉ, L'AN PASSÉ, le JOUR D'HIER; ce qui se désigne, par les noms de PRÉTÉRIT SIMPLE, OU PASSÉ DÉFINI, etc.

Exemples.

On doit dire, je VIS, ou nous VÎMES de grands événements, le SIÈCLE PASSÉ, OU L'AN PASSÉ. Je DÎNAI HIER à la campagne, et non pas, J'AI, ou nous AVONS VU des grands événemens, etc. Il en est de même pour tout ce qui est hors la Période sans désignation, comme JE DÎNAIS LORSQUE VOUS VINTES ME VOIR : ce qui indique seulement un double Passé, ou une action passée, qui avait lieu comme présente, en égard à l'action d'entrer, ou de venir me voir. Mais étant toutes deux passées, et dont il ne reste plus rien, sans indiquer directement l'époque, ainsi que dans un autre temps, appelé Prétérit antérieur, désignant une action faite avant une autre, comme dans cette phrase : LORSQUE J'EUS DÎNÉ, JE M'EN ALLAI; indiquant l'action passée après celle du diner, sans désigner l'époque fixe, mais toujours passée, dans un tems dont il ne reste plus rien.

Il y a aussi le Plus que parfait, ou Plus que passé, qui indique une action passée, dans un tems aussi passé, sans aucune désignation : comme, J'AVAIS ÉTÉ MALADE, LORSQUE VOUS VINTES ME VOIR : au lieu que si l'on voulait exprimer un Passé dans un temps qui n'est pas encore passé; c'est-à-dire, qui est circonscrit dans la Période, on dirait : J'AI OU NOUS AVONS DÎNÉ AUJOURD'HUI CHEZ LUI : J'AI OU NOUS AVONS ÉTÉ À LA PROMENADE CE MATIN : CE qui se désigne par le temps passé, dit Prétérit, ou Passé indéfini.

L'Imparfait de l'Indicatif Présent indique aussi un temps passé très-éloigné, et sans aucune désignation : comme, J'ÉTAIS FORT AUTREFOIS, etc.

Des Futurs.

Ils sont au nombre de deux savoir. 1°. Le Futur simple, qui indique une action Future, sans aucune désignation, telle que : je DÎNERAI, je SORTIRAI, etc.

2°. Le Futur, composé ou double, appelé aussi Futur Passé ; indique deux actions Futures à faire ; mais dont l'une n'aura lieu, que lorsque l'autre, aussi à venir sera passée. *Exemple.* J'IRAI VOUS VOIR APRÈS MON DÎNER ; c'est-à-dire, l'action de la visite ne s'effectuera qu'après celle du dîner, etc.

De plus les Tableaux des Conjugaisons ci-après présenteront un résumé général de toutes les modifications des Conjonctifs, tant réguliers qu'irréguliers ; quoiqu'il n'y ait que les premières personnes de chaque tems, les autres pouvant s'opérer facilement, d'après les explications qui en ont été données ci-devant, pages 18, 19 et 20.

TABLEAU DE CONJUGAISON

des Conjonctifs AVOIR *et* ÊTRE.

Indicatif présent.

J'ai, tu as, il *ou* elle a. Je suis, tu ès, il *ou* elle est.

Imparfait.

J'avais, etc. . . . . J'étais, etc.

Prétérit défini.

J'eus, etc. . . . . Je ſus, etc.

Prétérit indéfini.

Quand j'ai eu, etc. . Quand j'ai été, etc.

Prétérit antérieur.

Quand j'eus eu. . . Quand j'eus été.

Plus que parfait.

J'avais eu. . . . . J'avais été.

Futur simple.

J'aurai. . . . . . . Je serai.

Futur passé.

Quand j'aurai eu. . . Quand j'aurai été.

Conditionel présent.

J'aurais. . . . . . Je serais.

Conditionel passé.

J'aurais ou j'eusse eu. . J'aurais ou j'eusse été.

Impératif.

Aye . . . . Sois.

Subjonctif présent ou *futur.*

Il ſaut que j'aie . . . Il ſaut que je sois.

Imparfait.

Il fallait que j'eusse. . Il ſallait que je fusse.

Prétérit.

Que j'aie eu. . . . . Que j'aie été.

Plus que parfait.

Que j'eusse eu. . . . Que j'eusse été.

Infinitif présent.

Avoir. . . . . Etre.

Prétérit.

Avoir eu. . . . . . Avoir été.

Participes, ou *Adjectifs présens.*

Ayant. . . . . Etant.

Idem passés.

Eu, eue, ayant eu. . Eté, ayant été.

Idem futurs.

Devant avoir. . . . Devant être.

TABLEAU DES

1re. *Conj. en* ER.	2e. *Conjug. en* IR.	3e. *Conjug.*
Indicatif présent.		
J'aime, etc.	Je finis, etc.	Je rends, etc.
Imparfait.		
J'aimais.	Je finissais.	Je rendais.
Prétérit défini.		
J'aimai.	Je finis.	Je rendis.
Prétérit indéfini.		
J'ai aimé.	J'ai fini.	J'ai rendu.
Prétérit antérieur.		
Quand j'eus aimé.	J'eus fini.	J'eus rendu.
Plus que parfait.		
J'avais aimé.	J'avais fini.	J'avais rendu.
Futur simple.		
J'aimerai.	Je finirai.	Je rendrai.
Futur passé.		
Quand j'aurai aimé.	J'aurai fini.	J'aurai rendu.
Condit. présent.		
J'aimerais.	Je finirais.	Je recevrais.
Conditionel passé.		
j'aurais ou j'eusse aimé	J'aurais ou j'eusse fini.	J'aurais, ou
Impératif.		
Aime.	Finis.	Rends.
Subjonctif p. ou f.		
Que j'aime.	Que je finisse.	Que je
Imparfait Subj.		
Que jaimasse.	Que je finisse.	Que je rendisse
Prétérit.		
Que j'aie aimé.	Que j'aie fini.	Que j'aie
Plus que parfait.		
Que j eusse aimé.	Que j'eusse fini.	Que j'eusse
Infinitif présent.		
Aimer.	Finir.	Rendre.
Idem passé.		
Avoir aimé.	Avoir fini.	Avoir rendu.
Participe présent.		
Aimant.	Finissant.	Rendant.
Idem passé.		
Aimé, aimee, ou ayant aimé.	Fini, finie, ou ayant fini, etc.	Rendu, ren-rendu, etc.
Idem futur.		
Devant aimer.	Devant finir.	Devant
Produit. 3798 Conj.	444 Conj.	. . . . . .

CINQ CONJUGAISONS.

en RE.	4e. Conjug. en IRE.	5e. Conjug. en OIR.
. . . . . .	Je conduis, etc.	Je reçois, etc.
. . . . . .	Je conduisais.	Je recevais.
. . . . . .	Je conduisis.	Je reçus.
. . . . . .	J'ai conduit.	J'ai reçu.
. . . . . .	J'eus conduit.	J'eus reçu.
. . . . . .	J'avais conduit.	J'avais reçu.
. . . . . .	Je conduirai.	Je recevrai.
. . . . . .	J'aurai conduit.	J'aurai reçu.
. . . . . .	Je conduirais.	Je recevrais.
j'eusse rendu.	j'aurais j'eusse conduit	J'aurais, ou j'eusse reçu
. . . . . .	Conduis.	Reçois.
rende.	Que je conduise.	Que je reçoive.
. . . . . .	Que je conduisisse.	Que je reçusse.
rendu.	Que j'aie conduit.	Que j'aie reçu.
rendu.	Que j'eusse conduit.	Que j'eusse reçu.
. . . . . .	Conduire.	Recevoir.
. . . . . .	Avoir conduit.	Avoir reçu.
. . . . . .	Conduisant.	Recevant.
due, ou ayant	Conduit, conduite, ou ayant conduit.	Reçu, reçue, ou ayant reçu.
rendre.	Devant conduire.	Devant recevoir.
. . 135 Cong.	84 Conj.	40 Conj.

TABLEAU DES CONJONCTIFS IRRÉGULIERS.

Temps primitifs.

Première Conjugaison.

Infinitif prés.	Indic. présent	Passé Indicatif.
Aller.	Je vais.	J'allai.
Puer.	Je pus.	Je puai.

Seconde Conjugaison.

Infinitif prés.	Indic. présent	Passé Indicatif.
Courir.	Je cours	Je courus.
Cueillir.	Je cueille.	Je cueillis.
Fuir.	Je fuis.	Je fuis.
Mourir.	Je meurs.	Je mourus.
Faillir.	. . . .	Je faillis.
Acquérir.	J'acquiers.	J'acquis.
Saillir.	Il saille.	Il saillit.
Tressaillir.	Je tressaille.	Je tressaillis.
Vêtir.	Je vêts.	Je vêtis.
Revêtir.	Je revêts.	Je revêtis.

Troisième Conjugaison.

Infinitif prés.	Indic. présent	Passé Indicatif.
Battre.	Je bats.	Je battis.
Clore ou clorre	Je clos.	"
Conclure.	Je conclus.	Je conclus.
Coudre.	Je couds.	Je cousis.
Exclure.	J'exclus.	J'exclus.
Prendre.	Je prends.	Je pris.
Mettre.	Je mets.	Je mis.
Moudre.	Je mouds.	Je moulus.
Naître.	Je nais.	Je naquis.
Rompre.	Je romps.	Je rompis.
Absoudre.	J'absous.	"
Résoudre.	Je résous.	Je résolus.
Suivre.	Je suis.	Je suivis.
Vaincre.	Je vaincs.	Je vainquis.
Vivre.	Je vis.	Je vécus.

Quatrième Conjugaison.

Infin. présent.	Indicatif prés.	Passé Indicatif.
Boire.	je bois.	je bus.
Braire.	Il brait.	"
Bruire.	. . . .	"
Circoncire.	Je circoncis.	je circoncis.
Confire.	Je confis.	je confis.
Croire.	Je crois.	je crus.
Dire.	Je dis.	je dis.
Maudire.	Je maudis.	je maudis.
Ecrire.	J'écris.	j'écrivis.
Faire.	Je fais.	je fis.
Lire.	Je lis.	je lus.
Luire.	Je luis.	"
Nuire.	Je nuis.	je nuisis.
Rire.	je ris.	je ris.
Suffire.	je suffis.	je suffis.
Suivre.	je suis.	je suivis.
Traire.	je trais.	"

Cinquième Conjugaison.

Infin. présent.	Indicatif prés.	Passé Indicatif.
Choir.	. . . .	"
Déchoir.	je déchois.	je déchus.
Echoir.	Il échet.	j'échus.
Falloir.	Il faut.	il fallut.
Mouvoir.	je meus.	je mus.
Pleuvoir.	Il pleut.	il plut.
Pouvoir.	je puis.	je pus.
Savoir.	je sais.	je sus.
S'asseoir.	je m'assieds.	je m'assis.
Surseoir.	je surseois.	je sursis.
Valoir.	je vaux.	je valus.
Voir.	je vois.	je vis.
Pourvoir.	je pourvois.	je pourvus.
Vouloir.	je veux.	je voulus.

Nota. J'ai retranché de ce Tableau les Temps composés, attendu qu'ils suivent la Conjugaison des simples, tels que : *Promettre*, *Admettre*, etc. qui se conjuguent comme *Mettre ;* et j'ai aussi supprimé les Adjectifs actifs, tant passés que présens.

DU SUR-ADJECTIF. 4e. *Partie.*

Ce mot, d'après l'analyse, remplace l'adverbe, la Préposition et la Conjonction, (car pour l'Interjection, elle n'est qu'un cri, et peut-être regardée comme une proposition à elle seule, telle que : Ah ! aye ! holà ! etc.)

Le Sur-Adjectif se divise en deux : savoir ; en COMPLET, et INCOMPLET. 1°. Le COMPLET, qui représente l'Adverbe comme, IL L'AIME TENDREMENT ; c'est-à-dire, AVEC UNE TENDRE AMITIÉ.
2°. L'Incomplet renferme la Préposition et la Conjonction.

Exemples.

Premières. Il l'AIME avec TENDRESSE, signifiant aussi l'action d'aimer tendrement.

Secondes. Il PLEUT ET il FAIT soleil ; le mot ET signifie, de PLUS, ou ADDITIONELLEMENT, qui sont deux Adverbes ; donc, ET étant Adverbe, peut être sur-Adjectif ; ce qui veut dire, il PLEUT, de PLUS, il FAIT SOLEIL, ainsi des autres.

Pour ce qui est du nom de SUR-ADJECTIF, il est plus analogue à son emploi que celui d'Adverbe, qui veut dire adjoint du Verbe, attendu qu'il n'est pas toujours près du Verbe, et pouvant se transporter où l'on veut, sans rien changer à la phrase ; mais, au contraire, tombant sur l'Adjectif de la phrase, ou qui y est sous-entendu ; comme les Exemples suivants vont le prouver. Soit proposé cette phrase : IL L'AIME SINCÈREMENT, laquelle peut se retourner de plusieurs manières. Savoir. 1°. SINCÈREMENT il l'aime. 2°. Il est aimant elle SINCÈREMENT. 3°. Elle est aimée SINCÈREMENT par lui. 4°. SINCÈREMENT elle est aimée par lui. 5°. SINCÈREMENT aimée elle est par lui. 6°. Par lui SINCÈREMENT aimée elle est, etc.

Toutes ces différentes tournures prouvent qu'on peut placer le mot SINCÈREMENT où l'on veut dans la phrase, sans altérer le sens; de plus, quelque place qu'il occuppe, il tombe toujours sur l'Adjectif AIMÉE.

A la rigueur, ce sur-Adjectif peut remplacer les Particules qu'on trouve dans certaines Grammaires, comme NE, PAS, POINT, etc. Car dire, JE NE BOUGE PAS, ou POINT; c'est dire, JE NE SUIS NULLEMENT BOUGEANT, ou BOUGEANT JE NE SUIS NULLEMENT: ou je suis ne BOUGEANT PAS.

Nota. Si cependant ce sur-Adjectif ne paraissait pas démontré assez clairement pour remplacer certaines prépositions ou conjonctions, on peut les laisser subsister; mais l'Adverbe est parfaitement remplacé par le sur-Adjectif COMPLET, et la majorité des Prépositions et Conjonctions, par l'INCOMPLET. Si malgré l'évidence, on n'admettait point ce SUR-ADJECTIF, en remplacement de ces Prépositions et Conjonctions, on se ressouviendra que de ces deux parties du Discours, la première vient du Latin, *prœ* et *ponere*, signifiant METTRE DEVANT, ou de *positum* et *pro*, qui signifie POSÉ EN AVANT. Effectivement, elle se met devant un mot seul ou entre un autre qui le précède, et sert à les lier ensemble.

Exemples.

PENDANT la Guerre. APRÈS la Paix. Ce Jardin est HORS la Ville, etc. La 2e. est ainsi nommée Conjonction, à cause de sa ressemblance avec l'emploi du Conjonctif, venant, comme lui, du Latin *cum jungere*, signifiant JOINDRE AVEC; toute la différence, c'est qu'elle sert à joindre une Proposition avec une autre, au lieu que le Conjonctif ne sert qu'à lier un Substantif avec un Adjectif.

Exemples.

J'irai à la Campagne, *Si* le temps est beau. J'aurais été vous voir, MAIS la pluie m'en a empêché, etc.

IIe. SECTION.

Arrangement des mots.

L'Arrangement des mots consiste à les mettre dans le discours, chacun à leur véritable place.

Pour cela, il faut distinguer d'abord les mots PRIMAIRES et SECONDAIRES ; ainsi que leurs sous-divisions d'ordre, suivant la nature des idées.

Le mot PRIMAIRE est toujours le nominatif de la Phrase ou un substantif, qu'il faut lier par le Conjonctif, en accordant l'Adjectif avec ce même Substantif ; ce qui forme une Proposition : Première partie dans la composition du Discours, puisque plusieurs Propositions forment une Phrase, et que les Phrases liées ensemble forment des Périodes, lesquelles donnent un sens unique, appelé *Discours*.

Exemples.

Viendrez-vous ? on répond par l'affirmation OUI, ou par la négation, NON ; c'est-à-dire, je VIENDRAI, ou je ne viendrai pas. Il y a aussi différentes Phrases. 1°. Des Elyptiques, ou d'omission de lettres et de certains mots sous-entendus, tant en prose qu'en vers, ainsi l'Elipse existe dans ces mots. J'AVOURAI pour J'AVOUERAI, ce qui est une licence poétique, permettant l'élision ou suppression de la lettre E. Elision de mots, comme dans ces exemples ; C'EST UN FAT OU UN FOU, ce qui sous-entend, un *homme fat*, un *homme fou*, etc. RIEN N'EST BEAU QUE LE VRAI ; c'est-à-dire, RIEN N'EST BEAU QUE CE QUI EST VRAI. 2°. Des Phrases synonymes, marquant disproportion lorsque la signification est à peu-près la même, et qu'il ne s'agit que d'un seul objet, quoiqu'il y en ait deux.

Exemples.

Auguste gouverna Rome, AVEC CE TEMPÉRAMENT ET CETTE DOUCEUR, A LAQUELLE il dut le pardon de ces anciennes cruautés ; et non, AUXQUELS, etc.

Il honora les lettres de cette PROTECTION et de cet ATTACHEMENT RÉEL SI CAPABLE de les faire fleurir, et non pas CAPABLES.

L'AMOUR ainsi que la NATURE ne CONNAÎT pas ces distances-là : et non pas, ne CONNAISSENT, etc. etc. Hors de semblables phrases, deux Singuliers valent un Pluriel.

Exemples.

Mon frère et ma sœur LISENT : observant de faire l'accord sur le Masculin, plutôt que sur le Féminin.

Exemples.

Mon frère et ma sœur sont CONTENTS, et non pas CONTENTES.

On met aussi le Conjonctif à la deuxième personne plutôt qu'à la première personne, et à la troisième plutôt qu'à la seconde.

Exemples.

Vous et MOI nous chanterons, VOTRE ami et vous, vous danserez, etc. attendu que la politesse française veut qu'on nomme d'abord la personne à qui on parle, et qu'on ne se nomme que le dernier.

Des Périodes.

Ce sont de Phrases liées ensemble, qui forment un sommaire, ou préparation à un discours général.

Pour distinguer toutes ces parties dans le Discours et lui donner de l'énergie, il faut connaître différentes figures, ou signes, comme :

1°. L'Apostrophe ('), qui indique la suppression d'une lettre, laquelle ne peut être qu'une voyelle ou H muette.

Exemples.

L'AMIE, l'OISEAU, l'HOMME, et non pas la AMIE, le OISEAU, le HOMME, etc.

2°. I se supprime dans le mot SI, devant le mot IL. *Exemp.* S'IL arrive, et non pas SI IL arrive.

3°. Le trait d'union (-) se met entre les Conjonctifs et les Pronoms (ou Substantifs) qui les suivent.

Exemples.

Irai-je? viens-tu ? a-t-on fait? etc. Il sert aussi à joindre deux mots ensemble. *Exemple.* Courte-pointe, etc.

4e. Le trêma (..), est composé de deux points, l'un à côté de l'autre, qui se mettent sur une voyelle pour la détacher d'une autre voyelle. *Ex.* SAÜL, HAÏR; HÉROÏNE, etc. ou sur un E muet à la fin d'un mot, pour indiquer qu'il faut appuyer sur la voyelle qui est devant.

Exemple.

AMBIGUË, etc.

5°. La Cédile (¸) espèce de petit C ou S, servant à marquer l'adoucissement du Ç, suivi de A, O, U, comme dans GARÇON, REÇU, etc.

6°. La Parenthèse ( ) est formée de deux lignes courbes, qui servent à renfermer quelques mots détachés d'une Phrase, et qui néanmoins y ont rapport.

Exemples.

Celui qui refuse les conseils (*dit le sage*) s'en repentira : on peut si l'on veut renfermer ces mêmes mots, par deux virgules : ou les souligner.

7°. Les Guillemets (» ») servent à indiquer quelques remarques ; ou à faire parler une personne dans le Discours.

8°. L'Astérique (*) indique aussi des remarques ; quelquefois, on emploie pour cela des chiffres, ou des lettres ; telles que : (1) (2) ; (A) (B), etc.

Tous ces signes étant connus, ainsi que les Virgules, Points, etc. servant à la Ponctuation. Il faut observer les Alinéa ; expression dont on se sert pour indiquer qu'une Phrase est finie, afin d'en recommencer une autre, ce qui doit se faire un peu endedans de la Marge, sans éloigner davantage cette nouvelle ligne.

Règles générales sur la Ponctuation.

1°. La Virgule (,) se met après les noms Substantifs ou Adjectifs, et après les Conjonctifs qui les suivent ; ce qui distingue les simples parties de la Phrase. *Exemples.*

Premières. La docilité, la vertu, la bonté, sont des qualités de l'enfance.

Secondes. L'Etude rend savant, et la réflexion rend sage

2°. Le Point et la Virgule (;) se mettent entre deux phrases dépendantes l'une de l'autre, et dont la dernière sert de complément ; comme la douceur est à la vérité, une vertu ; mais elle ne doit point dégénérer en faiblesse.

3°. Les deux Points (:) se mettent à la fin d'une Phrase qu'on pourrait regarder comme finie, et cependant dont il reste quelques mots servant à la développer ou à l'éteudre ; ou bien à l'éclaircir.

Exemples.

Il ne faut jamais se moquer du pauvre : car qui peut être assuré d'être toujours riche.

4°. Le Point (.) se met à la fin d'une Phrase totalement finie, mais on en distingue de trois sortes, attendu qu'une Phrase peut finir de trois manières. *Savoir.*

SIMPLEMENT, INTERROGATIVEMENT et ADMIRATIVEMENT ! c'est pourquoi ; on lui donne trois noms, tels que : SIMPLE, INTERROGATIF ? ADMIRATIF ! *Exemples.*

1°. La Vertu est belle. 2°. Est-elle récompensée? ô ! que c'est une belle qualité, etc.

Exemples.

Nota. S'il y avait la conjonction ET entre les divers noms Substantifs, on ne mettrait point de Virgule (,) après l'avant-dernier mot. *Exemples.*

La docilité, la vertu ET la bonté, sont de belles qualités.

Enfin, mettre des Majuscules ou Majeures au commencement des Phrases, des Vers, noms Propres, Qualités, Dignités, etc.

Phrases servant de développement sur l'Accord ou non Accord, des Adjectifs.

Cicéron était très-éloquent, mais son éloquence l'a PERDU, et non pas PERDUE, parce que c'est sur lui qu'est tombé l'action et qu'il a été perdu ; et non son éloquence PERDUE par lui. N°. 5

Vous les avez VUS, ou VUES, jouant aux cartes accord, pouvant dire ; ils ou elles ONT ÉTÉ vus ou vues, N°. 8.

Bonnaparte a fait plus de conquêtes, que les autres Conquérants n'en ont VU peindre : point d'accord. Ne pouvant dire, n'en ont VUES peignant, N°. 9. D'ailleurs, le conjonctif AVOIR ne peut se retourner par AVOIR et ÊTRE.

Elle s'est *repentie* d'avoir *offensé* sa mère ; accord à REPENTIE, et non accord à OFFENSÉ, le Substantif mère étant après, N°. 11, et AVOIR ne pouvant se retourner par AVOIR et ÊTRE. Elles se sont *brûlé* la main : point d'accord ; c'est-à-dire, *brûlé*, quoi ? etc. N°. 11. Les événemens se sont SUCCÉDÉS rapidement, accord ; c'est-à-dire, se sont, COMMENT ? etc. N°. 10. Ils ont été témoins des événemens qui se sont SUCCÉDÉ, N°. 11. point d'accord, la cause étant au génitif ; troisième principe, et cette cause devant toujours être au nominatif ou à l'accusatif : de plus, pouvant dire les événemens ont succédé à soi : ce qui est au datif.

JEAN et JEANE se sont PLU, et se sont MARIÉS, point d'accord au mot PLU. Mais accord au mot MARIÉS ; pouvant dire ont PLU à SOI ou à EUX, ce qui est au Datif. Troisième principe, au lieu que se sont *mariés* peuvent se rendre par le nominatif, c'est-à-dire, ont MARIÉS EUX, ou eux ont été *mariés*. Mais on peut dire, avec l'accord, il s'est PLU ou elle s'est PLUE à la campagne, par le même principe que mariés, etc.

Votre conscience vous a REPROCHÉ vos fautes, point d'accord, la cause FAUTES étant après, N°. 2.

Je vous les ai *reprochées* aussi, accord ; c'est-à-dire, elles ont été reprochées à vous, N°. 6. Je les ai LAISSÉS ou LAISSÉES tomber, accord ; c'est-à-dire, eux ou elles ont été laissés ou laissées tombant, N°. 8. Le mot LES remplaçant et sous-entendant, eux ou elles; au nominatif ou à l'accusatif. Ces femmes ont mangé des poires qui les ont fort incommodées. N°. 6 ; c'est-à-dire, elles ont été fort incommodées.

Observations sur l'Etymologie de quelques mots, etc.

ON, CHACUN, CHACUNE, AUTRUI.

Ces mots sont synonimes de certains substantifs : Car ON, signifie d'un manière vague, le Peuple, les Hommes, etc. Jouent, Rient, Chantent, pouvant dire, ON RIT, CHACUN JOUE, CHACUNE CHANTE, etc.

NE et RIEN, signifient, Nullement, ou Absolument.

Exemples.

Je NE l'aime pas ; c'est-à-dire, nullement. Je N'ai rien, signifie : je manque de tout : mais comme deux Négations vallent une affirmation ; RIEN, peut signifier QUELQUE CHOSE, et quelquefois NULLEMENT, puisque c'est le ton de la prononciation qui décide; car souvent dire, je n'ai rien, répondant à la question qu'avez-vous ? signifie, j'ai quelque chose, ou je n'ai rien.

VOILA, du Latin Ecce, signifie vois-*le* ou vois-*là* ; c'est-à-dire, regarde lui ou elle, regarde cela, ou cette chose.

Ce mot CHOSE, est tantôt masculin, et tantôt féminin.

Il est masculin, précédé de quelque. *Ex.* quelque chose de BON, hors de là, il est féminin. *Ex.* C'est une BONNE ou BELLE chose, cette chose est faite.

PLEURS et LARMES.

Le premier est masculin, venant du latin *fletu*; ont dit un PLEUR, des PLEURS.

Le second est féminin du latin *lacrimæ*, aussi dit-on, une LARME, etc.

Gens savants, savantes Gens.

Les premiers sont Masculins, pouvant se lier à l'Adjectif qui suit, ou lorsqu'il est précédé de tous. *Exemple.* Ces GENS sont FIERS, tous ces GENS sont VENUS; hors de là, les seconds sont féminins.

Exemples. Ce sont des JEUNES GENS, de BONNES GENS, etc.

Personne et Personnes.

Le premier est singulier masculin, pris d'une manière vague. *Ex.* Personne n'est VENU que votre AMI; et le second est pluriel, des deux genres, pris substantivement. *Ex.* Cette *personne* est bonne, ces *personnes* sont contentes.

IL, se met quelquefois pour SONT ou CELA; mais s'il ne se rapporte pas à un Substantif, c'est un Substantif lui-même.

Exemples.

Il est arrivé dix mille hommes, c'est-à-dire, dix mille hommes SONT arrivés.

IL a fait quelque chose; c'est-à-dire, CELA a été fait par lui.

SI, signifie *tellement.*

Exemples.

Cette fleur est SI belle; c'est-à-dire, TELLEMENT belle.

SOI ne s'emploie jamais qu'après un Nominatif vague et indéterminé: comme: ON, CE, CHACUN, etc. *Voyez* l'exemple ci-après.

Exemples.

ON ne doit jamais parler de SOI, CHACUN pense à SOI, CE qu'ON dit de SOI, etc.

DONNES, quoiqu'à l'Impératif, s'écrit avec une S suivi des mots, EN et Y; hors de là, il n'en prend point.

Exemples.

Premières. DONNES-EN à ta sœur, *donnes-y* tes soins.

Secondes. DONNE lui à manger ou à lire, etc.

Demi et Demie.

Le *Premier*, précédant un Substantif, ne prend point d'E. *Ex.* Une DEMI-Pension.

Le *Second*, précédé de ce même substantif, en prend un.

Exemples.

Une Pension et DEMIE, etc.

RUISSEAU, s'écrit EAU, venant de RUISSELER.

Tableau, de Table. Feint, de Feinte.
Tombeau, de Tombe. Peint, de Peinture.
Château, de Châtel; *vieux mot.* Rue, de Ruelle.
Vert, de Verte. Verd, de Verdure.
Fossé, de Fosse. Haut, de Hauteur.
Nud, de Nudité. Crud, de Crudité.
Chaud, de Chaudement : *ou* le *Vice versa.*
Alors, de Lorsque. Faim, de Famine.
Fin, du latin *Finis.* Fin, de Finement, etc.

Mots qui éprouvent quelques changemens dans les Genres.

Frais, masculin; fait Fraîche, féminin.
Bon, fait Bonne. Faux, fait Fausse.
Sec, fait Sèche. Veuf, fait Veuve.
Blanc, fait Blanche. Neuf, fait Neuve.
Vif, fait Vive. Long, fait Longue.
Vil, signifiant Méprisable; fait Vile, idem.
Acteur, fait Actrice. Auteur ne change pas.

Chanteur, fait Chanteuse. Danseur, Danseuse. Vengeur, fait Vengeresse. Docteur, ne change pas. Enchanteur, fait Enchanteresse, etc. etc.

Mots qui changent dans le Nombre.

Ciel, singulier, fait Cieux au pluriel, excepté Ciel de lit, qui fait Ciels de lit.

Travail, indiquant la fatigue, fait Travaux; mais on dit le travail, et les Travails des Maréchaux.

Œil, fait Yeux; excepté Œil, signifiant Fenêtre, qui fait des Œils, etc.

Fanal, fait Fanaux. Bail, fait Baux.

Bal, fait Bals. Cheval, fait Chevaux.

Pectoral, fait Pectoraux. Bocal, Bocaux, etc.

Mots qui s'écrivent au Singulier comme au Pluriel.

EXEMPLES.

Le Fils, les Fils; le Nez, les Nez.

La Voix, les Voix, etc.

Mots qui n'ont pas de Féminin; c'est-à-dire, qui s'écrivent de même aux deux Genres.

Castor, Loutre, Eléphant, Chameau, Paon, Aigle, Canard, etc. Excepté Tigre, qui fait au figuré Tigresse, pour désigner une Femme cruelle. Mais, Aigle est féminin, quand on dit les Aigles Romaines, signifiant les enseignes Romaines.

Mots qui n'ont pas de Masculin; c'est-à-dire, qui ne s'expriment pas dans ce genre.

EXEMPLES.

L'Hyène, la Baleine, etc.

Mots équivoques.

Le mot EQUIVOQUE, lui-même, n'est plus Equivoque, depuis que l'Académie l'a décidé du Féminin. Mais HYMNE et EVANGILE sont restés des deux genres, on ne sait trop pourquoi ; car on dit : UNE Hymne de Santeüil, UN Hymne de Rousseau. Le *premier* Evangile, et la *dernière* Evangile, etc.

Remarques sur les Mots qui ont des LL *mouillées.*

Lorsqu'un I est au milieu d'un mot, suivi de deux LL, ou d'une seule à la fin d'un mot, il leur donne le son mouillé ; c'est-à-dire, qu'on prononce un second I, quoiqu'il n'y soit pas.

Exemples.

TAILLEUR, MEILLEUR, GENTILLE, FILLE, etc. SOLEIL, SOMEIL, FAUTEUIL, ORGUEIL, etc.

Mots qui sont Masculins et Féminins, Singuliers ou Pluriels, et quelquefois Elyptiques ; c'est-à-dire, sous-entendus.

Nota. Tous les noms d'hommes, de fleurs, de rivières, etc. sont singuliers, quand le mot *quelconque* est sous-entendu : hors de là, ils sont pluriel, ainsi on dit ;

Marchande de poisson, S.	Maux d'Estomac, P. S.
Mde. de Pommes, Plur.	Maux de Tête, Id.
Marchand de Vin, Sing.	Mesures de Froment, Id.
Mde. de Légumes, Pl.	Maux de Reins, Pl.
Marchand de Papier, S.	Maux de Jambes, Idem.
Coups de Bâton, Pl. et S.	Bouquets de Roses, Id.
Coups de Marteau, Idem	Bois de Lits, Id.
Bouquets de Jasmin, Id.	Mesures d'Arricots, Id.
Roulettes de Lit, Id.	
Des culs-de-jatte, Pl. S.	Des hausse-col, S.
Des coqs à l'âne, Idem.	Des passe droit, S.
Des guets à pens, Pluriel.	Des porte enseignes, S. P.

Mots composés d'un Substantif et d'un Adjectif, observant que quand un mot est composé d'un Adjectif, suivi d'un Substantif, et comme ne faisant qu'un ; de plus, liés tous les deux par un trait d'union, il prend la marque du singulier ou du pluriel, selon qu'il exprime l'un ou l'autre.

EXEMPLES.

Un chef-d'œuvre.	S.	Des pots-pourris.	P. P.
Un arc-en-ciel.	S.	Un garde-feu.	S.
Un arc-boutant.	S.	Un abbat-jour.	S.
Un entre-sol.	S.	Un gagne-petit.	S.
Un passe-port.	S.	Un pot-pourri.	S.
Un boutte-feu.	S.	Un chat huant.	S.
Un cul-de-lampe.	S.	Des arcs-en-ciel.	P. S.
Un bout rimé.	S.	Des entre-sol.	S.
Des chefs-d'œuvre.	P. S.	Des passe-port.	S.
Des arcs-boutans.	P. P.	Des boute-feu.	S.
Des garde-foux.	S. P.	Des culs-de-lampe.	P. S.
Des abbat-jour.	S.	Des bouts-rimés, etc.	P.
Des gagne-petit.	S.		

Homonymes, ou Mots qui ont la même prononciation, et qui s'écrivent différemment, attendu qu'ils se ressemblent par le son, et diffèrent par le sens.

PENSER, PANCER, PANSER.

Le premier signifie Réflexion. Le second l'action de pancer une plaie, ou un cheval. Le troisième vient de panse ou ventre.

QUAND et QUANT, DONT et DONC.

Le premier peut se tourner par LORSQUE, et le second signifie POUR.

Exemples.

QUAND ou LORSQUE vous viendrez ; je vous verrai QUANT à moi, ou POUR moi, je suis seul : DONT peut se tourner par duquel, de laquelle. *Ex.* La personne DONT je suis chargé ; c'est-à-dire, de laquelle je suis chargé, est DONC aimable, ou PAR-CONSÉQUENT, est AIMABLE, etc.

SURE, *Sûr*, *Sûre*.

Le premier est une Préposition, ou exprime quelque chose d'aigre.

Premiers Exemples.

SUR la Table, il y a du vin SÛR; c'est-à-dire, aigre.

Deuxièmes Exemples.

Cet homme est SÛR, la personne est SÛRE, signifiant CERTAIN OU CERTAINE, ASSÛRÉ OU ASSÛRÉE.

QUATRE-VINGT, et QUATRE-VINGTS;

CENT et CENTS; MIL, MILLE, MILE.

QUATRE-VINGT et CENT; suivis d'un nom de numération, et d'un Substantif ou non, ne prennent point d'S, mais suivis simplement d'un substantif pluriel, ils en prennent une.

Premiers Exemples.

Quatre-vingts-douze, ou quatre-vingt-douze arbres, cent douze, ou cent douze hommes.

Seconds Exemples.

Quatre-vingts soldats, deux cent dix poires. MIL, est masculin; MILLE est féminin; et MILE signifie une distance.

Exemples.

L'AN MIL, etc. etc. l'année MILLE, etc. Il est à un MILE de Londres.

PÈRE, PAIR, PAIRE.

Le premier vient du latin, *Pater*, signifiant l'homme qui a des enfans.

Le second indique l'égalité, on dit être au pair aller de pair avec quelqu'un.

Le troisième, signifie deux objets, ou un couple; une paire de Pigeons.

MÈRE, MER, MAIRE.

Le premier vient de *mater*, et désigne la femme qui a des enfans.

Le second signifie de l'Eau.
Le troisième un magistrat.

CHER, CHÈRE, CHAIR, CHAIRE

Le premier indique la chèreté au masculin. *Ex.* LE PAIN EST CHER, ou mon CHER ami.
Le second indique la même chose féminin, la viande CHÈRE, ma CHÈRE amie.
Le troisième signifiant la viande, de la CHAIR; et le quatrième un emplacement servant à prêcher. *Exemple.* Il est monte en CHAIRE.

COMTE, CONTE, COMPTE.

Le premier indique une qualité. Le deuxième une histoire, et le troisième un calcul.

VOIX, VOIE.

Le premier signifie la paroie. Le deuxième un chemin ou une mesure.

MAIS, MES, MET, METS, MAI.

Le premier est une conjonction. Le deuxième un pronom : le troisième indique la troisième personne de l'indicatif présent du conjonctif *mettre*. Le quatrième désigne un plat, et le cinquième un mois de l'année.

SEIN, SAIN, CEINT, SAINT, SEING.

Le premier signifie l'Estomac. Le deuxième la santé, ou la salubrité de l'air. Le troisième une action faite venant de ceindre, entourrer. Le quatrième l'action de vivre religieussement. Et le cinquième la signature.

SANS, SANG, SENS, CENS, CENT, S'EN

Le premier du latin *sine*, signifie ABSENCE. Le deuxième de *sanguis*, signifie le sang des veines. Le troisième de *sensus*, signifie le SENTIMENT, ou une chose du bon ou du mauvais sens.
Le quatrième de *census*, signifie REDEVANCE. Le

TABLEAU de l'ANALYSE complette sur l'

REMA

Dans les différentes sortes d'Adjectifs, on distingue les ne s'accordent pas; tels que : *lisant*, *ayant été*, *etc.* puisqu' Il a été, Elle a été *à la Campagne*, *etc.* Excepté quelques au nin; *obligeante*. *éclatante*, *charmante*, *etc.* Mais les Passifs s' Principes uniques.

SAV

1°. Ne jamais considérer, dans l'Accord, celui ou ceux qui font l'action; afin de les faire accorder ensemble. 3°. Cette Cause ne peut être qu'un

RÈGLES A

1°. Accord, quand la Cause est devant l'Effet : excepté dans les temps simples des Conjonctifs (*).

EXEMPLES.

C.	Eff.	C.	Eff.

La Lettre *écrite*, les Livres *lus*.
La Maison *vendue*, les Terres *louées*.
La Chambre que vous OCCUPEZ.

2°. Non accord, lorsque la Cause est après l'Effet, lequel n'est plus qu'un temps quelconque d'un conjonctif.

EXEMPLES.

J'ai, ou nous avons *écrit* une Lettre.
J'ai, ou nous avons *lu* des Livres.

3°. Accord, lorsqu'après la Cause, il y a le Conjonctif ÊTRE; ou qu'il est sous-entendu.

EXEMPLES.

Pâris est *aimé*, Lise est *aimée*.
Nous sommes *aimés*, ou *aimées*.
Elles ont demeuré chez des Personnes *distinguées* : ou sous-entendu, qui *étaient distinguées*.

4°. Accord, lorsqu'entre la Cause et l'Effet, il y a les deux Conjonctifs Avoir et Etre.

EXEMPLES.

La fleur qui a été *vendue*. Les fruits qui ont été *vendus*.

5°. Non accord, lorsqu'entre la Cause et l'Effet, il y a le Conjonctif Avoir, ne pouvant se rendre par Avoir et Etre.

EXEMPLES.

Sa Parole a *prévalu* : et non a été *prévalue*, etc.

6°. Accord, quand le Conjonc Avoir, peut se rendre par Avoir Etre; ce qui est un Gallicisme (**)..(

EXEMPLES.

La Maison que j'ai *achetée*, je l *meublée* : les Graces qu'ils ont *reçu* C'est-à-dire, la Maison qui a été *ache* par moi, a été aussi *meublée* par m les Graces qui ont été *reçues* par e
Celui qui m'a retrouvée (dit u femme); c'est-à-dire, celui par q j'ai été retrouvée, etc.

7°. Non Accord, quand l'Adjec Passif, est pris dans un sens indivi sible ou sous-entendu, et qu'il précédé de Avoir seul.

EXEMPLES.

Voilà tous les Services que j'ai *p* que j'ai *dû*, ou que j'ai *voulu* vo rendre

8°. Accord, lorsqu'après l'Effet, y a un Infinitif, pouvant se rend par un Adjectif actif présent, et q la Cause est un objet animé, excep dans les Phrases équivoques.

EXEMPLES.

Les hommes que j'ai ENTENDU chanter : l'alouette que j'ai ENTENDU chanter. C'est-à-dire, les homm *entendus chantant*, et l'alouette *ente due chantant*.

La femme que j'ai *vue peindr* c'est-à-dire, *vue peignant* : ce qui prime l'action de peindre : mais il a point d'accord, si je considère femme VUE par moi pendant qu' la peignait, quoique ce soit toujo la femme sur qui tombe l'action la vue.

...ccord des Participes, ou Adjectifs Français.

...QUES.

...ifs et les Passifs; dont les premiers, tant présens que passés, ...dit également: *un homme lisant*, *une femme lisant des Livres*: ..., comme: *obligeant*, *éclatant*, *charmant*, *etc.* qui sont au fémi-...ordent ou non, selon douze Règles analytiques, basées sur trois

...R:

...ce'ui ou ceux sur qui elle tombe. 2° Distinguer toujours la Cause de l'Effet; ...t Passif, au Nominatif, ou à l'Accusatif; et l'Effet n'est que l'Adjectif passif.

...ALYTIQUES.

9°. Non Accord, par le principe opposé du N°. 8, si l'Infinitif ne peut se rendre par l'Actif présent, et si la Cause est un objet inanime.

E X E M P L E S.

Les Ponts que nous avons VU faire.

L'Ariette que nous avons ENTENDU chanter. Et non pas les Ponts VUS *faisant*, ni l'Ariette ENTENDUE *chantant*: car les Ponts et l'Ariette ne peuvent faire d'action.

10°. Accord, dans tous les tems composés des Conjonctifs réflechis, lorsque l'effet est suivi d'un Infinitif seul, ou d'un Substantif ou Adjectif, précédes ou non de Prépositions, etc. mais pouvant répondre aux questions ou? à qui? à quoi? de qui? de quoi? pour qui? pourquoi? comment?

E X E M P L E S.

Elles se sont *empressées* de vous VOIR.

Elle s'est VUE riche ou dans un miroir. Elle s'est DONNÉE pour savante. Ils ou Elles se sont MIS ou MISES en colère, à peindre, à rire, etc. etc.

11°. Non Accord, par le principe contraire du N°. 10, ne pouvant répondre qu'aux deux questions: qui? quoi?

E X E M P L E S.

Il ou Elle s'est MIS cela dans la tête.

Ils ou Elles se sont DONNÉ la mort, ou des louanges: se sont LAISSÉ mourir, tomber, etc.

12°. Non Accord, lorsque l'Adjectif passif, est pris impersonnellement.

E X E M P L E S.

Les Chaleurs qu'il A FAIT: les Pluies qu'il Y A EU, et non pas FAITES ni EUES.

OBSERVATIONS.

Les Adjectifs, ALLÉ et VENU, s'accordent lorsqu'il y a un Pronom entre deux Conjonctifs.

E X E M P L E S.

Ma Sœur est VENUE nous VOIR, et nous sommes ALLÉS ou ALLÉES lui rendre visite. Mais il n'y a point d'accord hors de là.

E X E M P L E S (a).

Ma Sœur nous EST venu VOIR, et nous lui sommes ALLÉ rendre visite.

Le Mot FAIT ne s'accorde jamais suivi d'un Infinitif ou Substantif, même d'un Adjectif.

E X E M P L E S.

Il ou Elle les A fait manger.

Ils ou Elles se SONT fait du bien.

Hors de là, il s'accorde, précedé ou non de AVOIR, ou AVOIR et ÊTRE; ainsi que d'un Substantif.

E X E M P L E S.

Les biens qu'ils ONT faits, et les Prières qu'elles ONT faites, ou qui ONT ÉTÉ faites.

AVOIR ne s'emploie pas dans certains Conjonctifs neutres, comme tombé, et en parlant d'êtres animés: on ne dit pas il A tombé par la fenêtre (à quelques exceptions près) mais il EST tombé, etc. Au lieu qu'en parlant d'objets inanimés, on dit: il A tombé de la Neige, etc.

(*) Conjonctif signifie Verbe.

(**) Gallicisme vient du Latin *gallus*, signifiant Gaulois, ou vieille expression.

(a) Cette façon de parler n'est plus d'usage.

cinquième est un nom numérique. Le sixième est composé de SE et de EN, comme dans cette phrase : Il s'EN alla, etc.

SEIGNEUR, et SAIGNEUR.

Le premier est une qualité. Le deuxième indique un chirurgien.

AIR, AIRE, ÈRE, ERRE, HÈRE, HAIRE.

Le premier indique la ressemblance, l'air qu'on respire, un air de musique.

Le deuxième un plancher. Le troisième la division du temps. Le quatrième vient du conjonctif errer, et le cinquième désigne un pauvre malheureux. Le sixième un vêtement de pénitence.

CES, SES, S'EST, C'EST.

Le premier est démonstratif pluriel de ce, cet, cette, etc. Le deuxième est un réfléchi suivi d'un conjonctif ou non, et le pluriel de SE.

Le troisième est le refléchi SE, suivi de être, marquant que quelqu'un a fait une action, telle que, Il s'EST promené, etc.

Le quatrième est le démonstratif CE, suivi de être, marque affirmation ou négation, comme : C'EST vrai, C'EST faux ; signifiant, cela est vrai ou faux, etc.

POIS, signifie légumes. POIDS, pesanteur. POIX de Résine.

Nota. Il y a encore une infinité de mots semblables, qu'on peut apprendre de mémoire et dont l'usage donne l'habitude.

FIN.

NOTA.

Le Tableau de l'Accord des *Adjectifs Français*, est placé entre les pages 36 et 37, et les Phrases servant de développement audit Tableau, pages 38 et 39.

ERRATA.

Page 24, ligne 34; *lisez* devoir, *et non* avoir.

De l'Imp. de MB. DEVERGNE, rue Saint-Denis, N°. 240, près celle du Petit-Hurleur.

www.ingramcontent.com/pod-product-compliance
Ingram Content Group UK Ltd.
Pitfield, Milton Keynes, MK11 3LW, UK
UKHW032002260826
14628UKWH00005B/2237

9 782014 033762